LA GUERRE DE FORTERESSE
SUR LE FRONT RUSSE

A PROPOS DE NOWO-GEORGIEWSK (MODLIN)

Colonel CLÉMENT-GRANDCOURT

LA GUERRE DE FORTERESSE

SUR

LE FRONT RUSSE

—

A PROPOS DE NOWO-GEORGIEWSK (MODLIN)

—

Avec deux planches hors texte

PARIS

BERGER-LEVRAULT, ÉDITEURS

136, Boulevard Saint-Germain (VIe)

1928

LA GUERRE DE FORTERESSE

SUR LE FRONT RUSSE

A PROPOS DE NOWO-GEORGIEWSK (MODLIN)

I

SYSTÈME DÉFENSIF DE LA RUSSIE
FACE A L'ALLEMAGNE ([1])

Que l'on regarde une carte des frontières russo-allemandes telles qu'elles étaient tracées au début de 1914, les yeux seront attirés aussitôt par le saillant polonais qui s'enfonce comme un coin entre la Prusse orientale et la Posnanie. Il est pour la Russie à la fois avantageux et dangereux; avantageux parce que les Cosaques peuvent déboucher à moins de 250 km de Berlin; dangereux parce que, comme tous les saillants, il prête le flanc à l'ennemi. Deux offensives combinées, l'une, autrichienne partant de Cracovie, l'autre prussienne, partant d'Allenstein et poussant, la première vers le nord, la deuxième vers le sud-est avec Varsovie comme objectif commun, risquent de couper la retraite à toutes les armées russes poussées à l'ouest de la Vistule. Le saillant polonais peut ainsi devenir une *nasse*. Dans des circonstances quelque peu différentes, la contre-offensive du général Weygand le prouvera en 1920.

([1]) Voir croquis : La barrière russe de Pologne, p. 10.

L'état-major d'Alexandre III comptait utiliser à plein le saillant pour attaquer. Il l'avait bondé de troupes. Mais à ces effectifs énormes, il fallait un pivot de manœuvre ou même une vaste place d'armes. D'où, à partir de 1890, la modernisation du quadrilatère polonais. Puis le renforcement des corps-frontière s'accentue. Le centre de gravité se déplace vers l'ouest : le quadrilatère ne suffit plus. Il faut aux armées de Pologne une base aussi large et aussi solide que possible, bien appuyée aux deux ailes. Cette base, ce sera la ligne d'eau convexe Niémen—Bobr—Narew—Vistule. Les places qui la jalonnent seront modernisées à nouveau à partir de 1902 et les vieux forts de la Narew, épaulés par les têtes de pont toutes neuves de Lomza et de Rojan. La plupart de ces places ont un noyau central et une ceinture de forts détachés. Si les cuirassements y sont fort rares, le béton a été largement employé, prodigué pourrait-on dire, les travaux sont poussés avec activité et peuvent être considérés comme à peu près terminés au moment où prend fin la guerre de Mandchourie.

Sans parler des forteresses maritimes, Riga, Dunamunde et Libau, c'est du nord au sud [1] :

— *Kovno* et Grodno sur le Niémen;

— *Ossovietz*, à l'extrême frontière, au milieu des marais du Bobr;

— *Lomja*, Ostrolenka, *Rojan*, Pultusk sur la Narew; Siérock, au confluent de la Narew et du Bug.

Au centre, au sommet de la courbe, la région fortifiée de Varsovie comprenant :

—*Zegrjé* et *Dembé* sur la Narew, complétés à l'est par le fort de *Benjaminow*;

— *Nowo-Georgiewsk*, au confluent de la Vistule et de arew;

---

[1] Les noms en italique sont ceux des places modernisées.

Varsovie, sur la Vistule.

Au sud-ouest : Ivangorod, sur la Vistule;

Brest-Litowsk sur le Bug, comme réduit général.

Enfin, tout à fait au sud, *Dubno*, simple fort d'arrêt.

Ce chapelet de places, très serré à certains endroits (il n'y a que 360 km de Kovno à Varsovie) assure aux armées de campagne la liberté de manœuvre de part et d'autre de la ligne d'eau ; commandant les débouchés des chemins de fer venant de l'intérieur, il assure en même temps l'arrivée des renforts. Bases, appuis, dépôts des armées de campagne dans l'offensive, les forteresses de Pologne les recueilleront ou les protégeront s'il leur faut battre en retraite. Elles forment barrière presque continue en cas d'attaque brusquée sur les ailes ou d'invasion générale. Le glacis polonais couvre la terre russe.

Un pareil ensemble parfaitement lié a donc une grande force à la fois offensive et défensive. Mais ses auteurs savent fort bien que les places n'ont que la valeur de ceux qui les défendent ; aussi, puisant dans le vaste réservoir d'hommes qu'est le peuple russe, ont-ils organisé, dès 1889, avant même la première réfection des places-frontière, le personnel chargé de les défendre. Chaque forteresse de quelque importance est pourvue dès le temps de paix, non seulement d'états-majors complets, mais aussi *de troupes de forteresse*, noyaux permanents des garnisons de guerre ; et ces troupes ne sont pas seulement des unités techniques d'artillerie et du génie, mais aussi des unités d'infanterie. Dans chaque place stationnent de 1 à 4 bataillons-cadres d'infanterie de forteresse qui se quadruplent à la mobilisation. C'est une particularité remarquable du système militaire russe.

Quant à l'armement, il est sinon très moderne, du moins très abondant et comprend même des pièces d'un calibre inusité dans l'artillerie terrestre des autres armées (canon de 20 cm; mortier de 23 cm).

L'œuvre a coûté près de trente ans d'efforts continus.

En 1908, il ne reste plus qu'à la parachever… A ce moment-là, on la détruit.

Obéissant à des raisons politiques et stratégiques sur lesquelles la lumière n'est pas encore faite, l'entourage de Nicolas II décide, par un brusque revirement, de reporter en arrière la concentration des armées russes. Il ne s'agit plus de prendre l'offensive que contre l'Autriche. Vis-à-vis des Allemands, on se mettra sur la ligne droite Kovno—Grodno—Brest-Litowsk—Kovel, pour économiser du monde, sans doute, d'où abandon presque complet et du saillant polonais et de la ligne d'eau convexe si bien organisée. En conséquence le nombre des unités de couverture qui bordaient la frontière allemande est fortement diminué. Les régiments de réserve provenant d'unités-cadres ayant donné des déboires à Liao-Yang, on en conclut qu'il ne faut plus de ces unités-cadres et on supprime l'infanterie de forteresse, même pour les rares places conservées qu'on dépouille également de leurs états-majors. C'est un véritable massacre : Lomza et Rojan à peine finies sont déclassées. Il en est de même de Zegrjé, de Dembé, de Libau, de Dubno. A Varsovie, les forts modernes sautent en 1913 et 1914 (¹). A Ivangorod, l'œuvre de destruction ne fut différée que par suite des frais qu'elle devait entraîner. On ne se serait guère attendu à des considérations d'économie en ce démantèlement presque général de forteresses où l'on avait englouti des millions.

Pour expliquer une aussi stupéfiante détermination, à laquelle les Allemands refusèrent quelque temps d'ajouter foi, on allégua : le peu d'intérêt que présentait le quadrilatère polonais, si la concentration allemande devançait la concentration russe; la crainte, née des expé-

---

(¹) « Les travaux (de démolition) continuèrent même après la déclaration de la mobilisation. Il n'y a pas eu là de trahison, il y a eu du moins une impardonnable ineptie, dont les résultats n'ont pas tardé à être funestes. » (Général ROSTOVTSEFF, *Erreurs militaires de la Russie des Tsars.*)

riences de Port-Arthur et d'Otchakoff, d'avoir à dépenser
encore beaucoup d'argent pour épaissir le béton des forts
existants; l'infirmité de la fortification dans la guerre
moderne où tout devait être manœuvre. On reconnaîtra
dans ce dernier argument l'écho des théories alors à la
mode en France qui ouvrirent à l'invasion la frontière
du nord. Elles se traduisaient par l'aphorisme : « Il est
utile que la Russie reste dix ans sans forteresse. » Quant
à l'avance attribuée bénévolement à l'adversaire, elle
se réalisa si peu que malgré l'affaiblissement de la couverture, malgré l'idée défensive qui triomphait vers 1908, ce
furent les Russes qui en septembre 1914 envahissent la
Prusse orientale.

Aussi bien, puisque le vent était à la défensive, rien
ne pouvait la favoriser plus que l'action retardatrice des
têtes de pont de la ligne d'eau polonaise et rien en somme
ne justifiait leur suppression, rien, sinon, c'est un Russe
lui-même qui le reconnaît : « la tendance à la destruction,
caractéristique de la nature russe [1] ».

D'ailleurs, après bien des tergiversations, on se décida
à conserver Ossovietz et Nowo-Georgiewsk, celle-ci par
suite « d'influences privées [2] » (sic), et même à les ren-
forcer, ainsi que Brest-Litowsk et Kovno. Tandis qu'on
détruisait d'un côté, on construisait d'un autre. On for-
tifiait Reval à l'entrée du golfe de Finlande pour couvrir
la capitale déjà protégée par Kronstadt. Grodno, jadis
bicoque sans importance, était transformée en place de
1re classe établie sur le modèle de Nowo-Georgiewsk.
Enfin, on parlait en 1913 de rétablir l'infanterie de forteresse.

En résumé, c'est l'incohérence la plus complète. Elle
reflète l'incertitude, le flottement qui règnent en haut
lieu depuis l'avènement du dernier des Romanof et qui

[1] Général Rostovtseff, article cité.
[2] Général de Schwarz : *Las fortalezas antes, en y despues de la gran
Guerra* (p. 49).

s'y manifesteront pendant toute la guerre. Que nous sommes loin de la conception généralement nette et le plus souvent grandiose, de la persistance parfois séculaire, de l'exécution énergique jusqu'à la brutalité qu'il faut reconnaître à la vieille tradition russe !

Le résultat, c'est qu'au moment où la guerre éclate, aucune forteresse, sauf Ossovietz ([1]), n'est en état de résister avec succès. Elles sont ou démantelées, ou déclassées, ou inachevées (Reval est achevée aux trois quarts; Grodno à moitié). Celles qui subsistent ne se soutiennent plus réciproquement. Elles ne forment plus système. Ce ne sont plus que des places isolées. Leur artillerie n'a pas été tenue à hauteur; elle sera, comme leur garnison, reconstituée par des moyens de fortune. Cependant leur situation géographique et stratégique est telle, leurs emplacements ont été si judicieusement choisis, qu'elles joueront malgré tout un rôle important dans la campagne de Pologne, que deux d'entre elles, Kovno et Ivangorod formeront, à une certaine époque, partie constitutive du front et que les vieilles têtes de pont de la Narew, quoique déclassées, serviront aux Russes de « places du moment ».

Les destinées de ces places furent donc très diverses. Nous épargnerons au lecteur le récit de leur défense, nous bornant à opposer sommairement deux exemples contraires : Nowo-Georgiewsk et Ivangorod : la place mal défendue et la place bien défendue. Elles font antithèse sur tous les points. La première est une très bonne

---

([1]) Ossovietz, bien que d'un système relativement ancien, affronte victorieusement trois attaques et le bombardement par 420. Elle est très énergiquement défendue par le général Schulmann et une division de réserve qui connaît bien le terrain. La garnison ne subit pas de grosses pertes. La place ne tombe aux mains des Allemands qu'après avoir été évacuée par ordre du commandement supérieur russe. Les défenseurs se replient sur Grodno, prennent la part la plus brillante à la résistance de cette forteresse, repoussent tous les assauts dirigés contre le secteur qui leur est confié et ne l'abandonnent que par ordre du gouverneur, après en avoir fait sauter toutes les fortifications et enlevé tout le matériel possible.

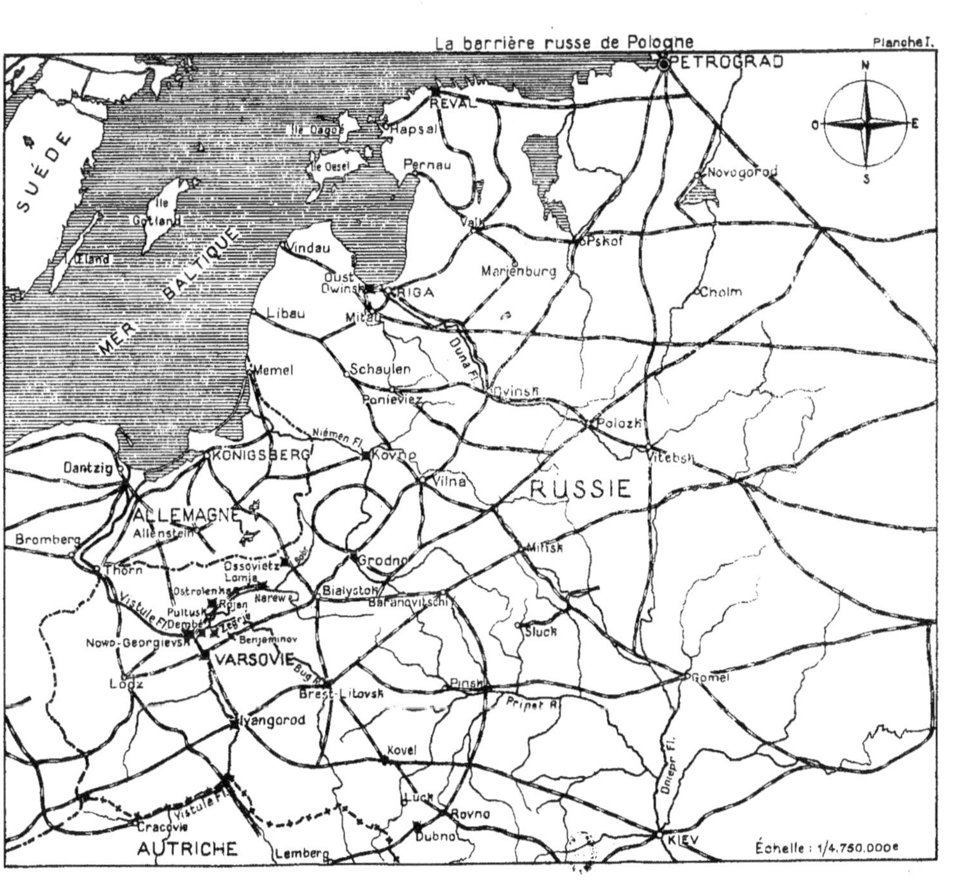
SUÈDE
MER BALTIQUE
Ile Gotland
Öland
Ile Dagö
Ile Oesel
Hapsal
REVAL
Pernau
Valk
Novogorod
Pskof
Marienburg
Cholm
Windau
Oust-Dwinsk
RIGA
Libau
Mitau
Schaulen
Ponieviez
Duna Fl.
Dvinsk
Polozk
Memel
Vitebsk
Niémen Fl.
KÖNIGSBERG
Kovno
Vilna
RUSSIE
Dantzig
ALLEMAGNE
Allenstein
Minsk
Bromberg
Thorn
Ossovietz
Lomja
Grodno
Ostrolenka
Narew
Bialystok
Baranovitschi
Pultusk
Rojan
Vistule Fl.
Dembe
Legrie
Benjeminov
Sluck
Nowo-Georgievsk
VARSOVIE
Bug Fl.
Pinsk
Gomel
Lodz
Brest-Litovsk
Pripet Fl.
Ivangorod
Kovel
Dniepr Fl.
Vistule Fl.
Luck
Rovno
Cracovie
Dubno
KIEV
AUTRICHE
Lemberg
PETROGRAD
N
O
E
S
Échelle : 1/4.750.000e

place moderne, mais inachevée et mal outillée, elle se laisse investir sans défense extérieure sérieuse. Elle reste sans liaison avec les armées de campagne. Elle tombe sans avoir épuisé ses moyens de lutte. Sa garnison démoralisée est faite en entier prisonnière.

La deuxième, déclassée depuis cinq ans, est créée à nouveau pendant la guerre. L'initiative et la volonté de son gouverneur la réarment et la pourvoient des moyens techniques nécessaires. Elle est un soutien efficace pour les armées de campagne voisines, avec lesquelles sa garnison agit en liaison constante. La défense extérieure est appuyée par l'artillerie de la place. Attaquée trois fois sans succès, elle n'est évacuée qu'après destruction des ouvrages principaux et par ordre supérieur et malgré les protestations de ses défenseurs qui continueront à combattre sur d'autres théâtres. Enfin la personnalité du gouverneur d'Ivangorod fait avec celle de Nowo-Georgiewsk le contraste le plus complet. •

La *Revue du génie militaire* a publié sur Ivangorod [1] un récit du général de Schwarz auquel celui-ci seul serait en droit d'ajouter des compléments, puis une *Prise de Nowo-Georgiewsk par les Allemands en août 1915* [2] par le général Normand. Pour des raisons exposées plus loin une nouvelle étude de ce dernier siège nous a paru cependant utile.

---

[1] Livraisons d'août, septembre et octobre 1921, tome 49, pages 101, 107 et 299.

[2] Livraison d'avril 1924, tome 54, p. 362.

II

NOWO-GEORGIEWSK

1º La forteresse.

A) *Organisation et fortification de la place* (¹). —
Au cours de sa campagne de Pologne (1807), Napoléon
avait vite aperçu l'importance stratégique du confluent
de la Vistule et de la Narew. Aussi fit-il tenir ce point, qui
porte en polonais le nom de Modlin, par des ouvrages
de fortification formant quadruple tête de pont.

Les travaux ébauchés par les Français furent repris et
amplifiés vingt-quatre ans plus tard sur l'ordre du tsar
Nicolas Ier. A fortifier Modlin, il trouvait non seulement
un intérêt stratégique au cas d'une nouvelle invasion de
la Pologne, ou d'une offensive, à la vérité, peu dans ses
intentions, contre la Prusse. Mais il voyait surtout une
sûreté vis-à-vis de la Pologne elle-même. L'insurrection
de 1831 venait d'être réprimée. « L'ordre régnait à Varsovie. » Pour l'y faire durer, un ukase de l'autocrate
voulut la gigantesque forteresse, l'enracina comme une
emprise russe dans la terre polonaise, la dressa comme
une menace à 30 km de la capitale subjuguée, mais non
soumise. Les bastions en briques rouges de sa double
enceinte, les interminables façades de ses casernes héris-
sées d'une forêt de cheminées (²), les bulbes dorés de ses
églises orthodoxes dominent aujourd'hui encore les

(¹) Voir, page 46, croquis établi d'après l'ouvrage : *Nowo-Georgiewsk*,
par le capitaine BETIAG.

(²) Dans les casernes de Nowo-Georgiewsk, les plus vastes du monde,
40.000 hommes pouvaient loger. Incendiées partiellement lors de la capitulation, elles ont été remises en état par les Polonais. Quant aux églises,
elles sont redevenues catholiques en redevenant polonaises.

Tableau des forteresses russes face à l'Allemagne

NOMS	COURS D'EAU sur lesquels elles forment tête de pont	VOIES FERRÉES barrées par la forteresse	DATE D'ORIGINE	DÉBUT DE LA			ÉPAISSEURS de béton (m)	DÉCLASSEMENT
				1re amélioration (forts détachés)	1re réfection	2e réfection		
Libau	(Mer)	Ligne de Wilna	1895-1899	—	—	—	—	1909
Kovno	Niémen et Vilia	Kœnigsberg—Wilna	Vieilles forteresses	1883	1889	1902	0,75 à 4	—
Grodno	Niémen et Shara	Varsovie—Wilna		—	—	1912	—	—
Ossovietz	Bobr	Kœnigsberg—Brest-Litowsk		—	1890	1911	—	—
Lomza	Narew	•	1903-1906	—	—	—	1,25	1909
Ostrolenka	Id.	Miawa-Bielostok	Vieille tête de pont	—	—	—	—	—
Rojan	Id.	—	1903-1906	—	—	—	1,25	1909
Pultusk	Id.	—	Vieilles têtes de pont	—	—	—	—	—
Siérock	Narew et Bug	—		—	—	—	—	—
Zegrjé	Narew	—	—	—	1890	1902	—	1913
Fort Dembé	Id.	—	1807	—	—	1905	—	Id.
Fort de Benjaminow	S.-E. de la Narew	Varsovie—Dantzig	—	—	—	—	—	Id.
Nowo-Georgiewsk	Vistule et Narew	Dantzig—Cracovie Wilna—Breslau	1807-1831	1870-1883	1905	1912	1,70 à 5	—
Varsovie	Vistule	Kiev—Berlin Varsovie—Kiev	Vieille citadelle	1890	1902	1906-1907	—	1913
Ivangorod	Id.	Vienne—Moscou Wilna—Kholm	1845-1847	1880	1890	—	—	1909
Brest-Litowsk	Bug	Moscou—Vienne Kiev—Kœnigsberg	Vieille citadelle	1890	1907	1911	—	—
Dubno (fort d'arrêt)	—	Lemberg—Kiev	—	—	1890	—	—	1909

Les vieux ouvrages indiqués datent pour la plupart du règne de Nicolas 1er. Ils sont généralement construits en briques et terre et de fort relief.

bords marécageux de la Narew et les berges sablonneuses
de la Vistule. Le lieu perdit son nom : Modlin s'appela
Nowo-Georgiewsk. Cité purement militaire, sans popu-
lation civile à l'intérieur de sa citadelle, elle devint la
première place de la Russie, l'angle le plus solide du
quadrilatère polonais, l'objet des préoccupations per-
sistantes des ingénieurs de Pétersbourg. Un séjour dans
ses murs, quelque mélancolique qu'il soit, ne manque pas
d'intérêt : toute l'histoire de la fortification russe depuis
Nicolas Ier s'y résume.

Le terrain environnant se partage actuellement en
quatre secteurs :

1º Au nord et au nord-ouest, une vaste plaine, en
général découverte, semée d'assez nombreux villages
entre la rive droite de la Vistule et un affluent de droite
de la Narew, la Wkra. Cette belle rivière, bordée de sa-
pins, coule du nord-ouest au sud-est. Son nom reparaît
souvent dans l'histoire de la campagne de 1807.

2º Une zone assez boisée entre la Wkra et la Narew;
au nord-est elle est traversée par le chemin de fer de
Dantzig.

3º A l'est, un « bec » triangulaire, resserré entre la Vistule, la rive gauche de la Narew et la forêt, où passent la
route et la voie ferrée de Varsovie.

4º Enfin, au sud de la Vistule, le pays est encore plus
boisé; deux grandes forêts s'y avancent jusqu'à 3 km à
peine de la rive gauche.

La Wkra est facilement guéable. La Vistule, encom-
brée de bancs de sable et de bas-fonds pendant l'été, reste
en toutes saisons, par sa largeur, un obstacle très érieux.
Quant à la Narew, elle inonde ses rives dès qu'il a plu et
s'épand alors sur 2 km de largeur.

Peu de différences de niveau : la Vistule coule lente-
ment à 70 m d'altitude. La cote maximum de ses environs est 108 m. La plaine est bossuée sur son pourtour

par des monticules peu apparents, dont les constructeurs du camp retranché tirèrent le meilleur parti.

La forteresse comporte : un noyau central, une ligne d'anciens forts, une ligne de groupes d'ouvrages tout récents.

Noyau central.— Sur la rive droite de la Vistule, la vieille place comprenait la citadelle bastionnée, séparée par un anneau large de 600 m de la deuxième enceinte formée de six grands fronts bastionnés couverts par de nombreux dehors et des fossés bien battus. A cheval sur la voie ferrée de Dantzig, le fort d'Ostrolenka, relié par une communication souterraine à la deuxième enceinte couvrait les débouchés des deux ponts sur la Narew. Dans le bec entre Narew et Vistule, quelques ouvrages, dont une grande caserne fortifiée : Saint-Georges. Au sud de la Vistule, un vaste ouvrage également bastionné, le fort Kasoum qu'une ligne télégraphique passant sous le fleuve reliait à la citadelle. De Kasoum à Saint-Georges, un pont route sur la Vistule.

Pas de béton dans le noyau central, sauf quelques magasins à munitions. Mais les deux enceintes en briques et terre étaient d'une construction extrêmement solide (¹) et présentaient dans tous les cas un obstacle sérieux à une attaque de vive force. Par malheur, durant toute la première année de la guerre, on n'avait pas trouvé moyen de mettre en état de défense les parapets, de débroussailler les glacis, de dégager les champs de tir.

Ligne des anciens forts.— Les forts détachés construits à partir de 1870, sous l'influence de Todleben couvraient la place dans un rayon de 3 km au nord, de 6, au sud. Il y en avait 8 au total : 3 sur la rive droite de la Vistule en aval de la Narew, un seul dans le bec, 4 sur la rive gauche de la Vistule. De 1907 à 1911, ils avaient été l'objet d'importantes réfections.

(¹) Grâce à laquelle, d'après le général de Schwarz, le noyau aurait pu résister au bombardement, même à celui des plus gros canons allemands.

Dans le fort III, en particulier, nous avons pu constater *de visu* que le béton avait été beaucoup plus employé que dans les forts français correspondants. Batteries traditores, chacune pour 4 pièces de campagne,
couvertes d'au moins 1 m 70 de béton, couloirs bétonnés
à pente douce, large et commodes, abris, magasins à
munitions et corps de garde bétonnés, fossés à bords
francs avec de spacieux coffres de contrescarpe; disposi-
tions analogues au fort II, plus petit mais couvert sur
ses flancs par un étang. Au fort I, le plus près du noyau
central, en place des traditores, une véritable tour carrée
en béton accolée à la gorge et d'ailleurs beaucoup trop
visible; les forts de la rive sud étaient, paraît-il, encore
mieux protégés.

Les trois forts du nord auraient pu servir d'ossature
à une ligne continue; isolés, ils ne pouvaient, malgré la
solidité de chacun d'eux, fournir une très longue résistance. Si les forts II et III se soutenaient mutuellement,
on avait laissé, par une lacune inexplicable, un trou de
5 km de plaine découverte entre les forts I et II. Sauf
quelques réseaux de fil de fer, rien n'avait été fait avant
le commencement du siège pour les relier entre eux; rien
non plus pour échelonner en arrière une série de tranchées couvrant la place.

Le fort III avait une particulière importance : il bat-
tait de tout près le chemin de fer de Dantzig, flanquait la
coupure de la Wkra, enfilait la route de Zegrjé et la
Narew, soutenait enfin à bonne portée la droite du secteur nord- est et en formait en quelque façon le réduit.

Ligne principale.— Sa construction décidée en 1911,
commencée en 1912, était loin de son achèvement en
1914. Son organisation était conçue d'après un principe
nouveau en Russie : les ouvrages détachés y étaient rem-
placés par des *groupes d'ouvrages.* Dans chaque groupe,
les ouvrages se soutenaient l'un l'autre et devaient
être reliés par des glacis défensifs. Là, comme ailleurs,

nous voyons l'action isolée faire place à l'action combinée. La ligne principale comprend ainsi 9 groupes de 2 à 4 ouvrages (dans chaque groupe, un ouvrage principal et de 1 à 3 annexes) portant les numéros de IX à XVIII, le n° XII étant affecté à un fort isolé. Un seul groupe au sud de la Vistule, 2 dans le bec, tous les autres au nord de la Narew, décrivant un vaste arc de cercle d'environ 22 km de développement, 4 à l'ouest, 3 à l'est de la Wkra. Là, dans chaque groupe, les ouvrages sont à peine à 1 km en moyenne les uns des autres. Entre deux groupes voisins, 2 km d'intervalle au maximum.

Au total, il devait y avoir 25 forts tout à fait modernes appartenant à la catégorie : *ouvrages permanents d'infanterie;* mais quelques-uns étaient à peine ébauchés au commencement de la guerre et bien peu pouvaient être considérés, aux premiers coups de canon, comme complètement achevés.

Leur site, très heureusement choisi sur les protubérances du terrain, leur assurait des vues étendues sans trop les déceler. De profil peu saillant, de tracé très aplati, ils n'étaient pas de type uniforme comme les forts belges. On s'était appliqué, suivant la formule classique, à marier la fortification au terrain, cependant la plupart d'entre eux présentaient les traits communs suivants :

Grand développement des parapets d'infanterie bétonnés, mais dépourvus de parados et de traverses.

Protection insuffisante du personnel à ses postes de combat, comme dans presque tous les forts d'avant-guerre.

Quelques emplacements de mitrailleuses au parapet qui court tout le long de la crête du fort et domine une escarpe en pente douce.

Accès au parapet très facile, réalisé par de larges escaliers bétonnés débouchant des abris pratiqués sous le front de tête.

Organisation répondant à la conception tactique russe : mépris des pertes une fois le combat engagé, combat à coup d'hommes ; contre-attaque lancée à la descente sur l'escarpe même pour refouler l'assaillant dans le fond du fossé. Conception évidemment très primitive, mais fort à la mode chez les compatriotes de Souvarof et de Dragomirof.

L'outrance de cette tactique était tempérée :

a) *par la solidité des vastes abris* où, en attendant l'heure de gravir les escaliers, puis de franchir le parapet, la garnison pouvait endurer sans pertes les plus violents bombardements ;

b) par l'organisation du *flanquement propre* des ouvrages. En face de l'escarpe en terre coulante, une contrescarpe entièrement bétonnée, desservie dans certains ouvrages par une gaine continue, reliant les coffres de flanquement, eux-mêmes reliés au massif central par un corridor souterrain suivant la capitale du fort. Nulle part nous n'avons vu des coffres aussi bien organisés. Au saillant, où le coffre est double, jusqu'à 8 embrasures, chambres bétonnées pour la troupe et même chambre d'officier. Le coffre constitue un petit fort indépendant qui peut résister pour son propre compte. L'exemple de Port-Arthur n'a pas été perdu.

c) *Les flanquements lointains* ont été particulièrement étudiés. Dans quelques forts, casemates de flanquement (dites de Bourges) du modèle français. Dans la majorité, traditores en retour, chacune pour 4 pièces de campagne, embrasures orientées de manière à croiser les feux, non pas en avant des intervalles, mais en arrière de l'ouvrage le plus voisin, avec le feu d'un autre groupe, de sorte que si l'ouvrage voisin tombe, le barrage de feux subsiste.

Beaucoup de ces forts, restés inachevés à la **gorge**, furent lors du siège fermés tant bien que mal par des fortifications passagères, quelques-unes visiblement improvisées. Au nord-est en particulier, certains d'entre eux qui eurent à jouer un rôle capital dans la résistance, n'avaient que des fossés ébauchés où, parfois même, manquait la contrescarpe de béton. D'autres au contraire constituaient points d'appui fermés, avec solides corps de garde bétonnés à l'entrée, formant galerie de fusillade.

Construction. — Sauf quelques petits observatoires, pas de cuirassements, suivant la théorie russe; des tourelles pour petits canons à tir rapide avaient été projetées dans 4 forts de l'est et dun ord-est. Elles ne furent pas installées. Sauf les pièces de flanquement, aucune artillerie dans les forts, même pour battre les glacis. Cette lacune ainsi que l'absence de mitrailleuses sous tourelle explique qu'ils n'aient pas mieux résisté aux assauts.

Les forts étaient presque entièrement construits en béton. Là aussi, il avait été prodigué. Son épaisseur atteignait *3 m 75* pour les voûtes, en deux couches de béton armé séparées par une couche intermédiaire non armée. Le béton des parois postérieures des casemates exposées au feu ennemi devait atteindre *5 m* d'épaisseur.

Nous avons pu constater que les Allemands arrachèrent dans certaines casemates l'armature du béton pour en utiliser le métal. Preuve de l'esprit méthodique avec lequel ils dirigeaient toute récupération ([1]).

Un commandement actif et exempt de formalisme aurait eu tout le temps, d'août 1914 à juillet 1915, de parachever ces forts. Les bras ne manquaient pas à Nowo-Georgiewsk. Mais comment s'affranchir des traditions routinières et pédantesques si tenaces dans les états-majors russes ! Comment ne pas lésiner sur l'argent

---

([1]) Sur le front de Galicie orientale, leurs trains de munitions, au lieu de repartir à vide, étaient remplis de cette bonne terre noire, humide et grasse qui fait pressentir l'Ukraine voisine. Transportée à l'arrière, elle devait amender le sol maigre et sablonneux des vieilles provinces prussiennes. C'est le comble de la récupération !

ni sur les moyens de transport, ni sur la main-d'œuvre !
La conduite des travaux fut gênée par de nombreuses
mutations dans le personnel du génie. Ainsi, l'ingénieur
en chef de la forteresse, dont le rôle était capital, dut
quitter la place en décembre 1914 pour rejoindre l'armée
de campagne. Quelque temps avant le commencement
du blocus, son successeur, parti en automobile pour aller
visiter les positions avancées, tomba à la brume dans un
village sur un détachement allemand. Il fut tué et les
Allemands en fouillant l'automobile y trouvèrent un plan
général de la forteresse à grande échelle avec indication
de tous les moyens de défense, ouvrage, batteries,
obstacles, mines, ce qui les aida puissamment à régler
leur tir. Cette aventure déplorable fit naître des soupçons
de trahison, évidemment mal fondés dans le cas particulier, mais que la suite des événements ne rendit que trop
vraisemblables. Quant au colonel qui exerça les mêmes
fonctions d'ingénieur en chef au cours du siège, il ne re-
joignit la forteresse que le 19 juillet 1915 et ne fut incor-
poré définitivement à son état-major que le 24, jour
même où l'ennemi commençait l'investissement du front
nord. Avec de pareils flottements, quelle suite espérer
dans les travaux (¹) ? Il aurait fallu tout au moins de la
part du gouverneur une haute compétence technique,
un sens très net du combat d'infanterie, une activité in-
lassable à la fois animatrice et régulatrice. Rien de tout
cela à Nowo-Georgiewsk. L'initiative locale se donne
libre carrière ou se ralentit impunément. C'est ce qui
explique que dans le secteur sud, où il n'y avait presque
partout qu'une seule ligne de forts, ces forts aient été
beaucoup mieux mis en état que dans les secteurs
nord et surtout nord-est où se dessine l'attaque principale.

____

(¹) En regard, citons le lieutenant-colonel Denfert-Rochereau, nommé
gouverneur de Belfort en 1870, après six ans de séjour dans cette place
comme chef du génie.

Les moyens de la place furent surtout appliqués à créer aux dépens des ouvrages permanents, les fortifications complémentaires telles qu'elles étaient prévues dans le journal de mobilisation. Là un travail considérable fut accompli. Entre les forts de la ligne principale, on voyait encore en 1919 une série presque ininterrompue de tranchées, de redoutes en terre, d'ouvrages fermés. Peu, de blindages, pas de boyaux vers l'arrière. Certains villages étaient organisés défensivement; réseaux de fil de fer sur piquets en bois devant certains intervalles; ils n'avaient que 5 à 7 m de largeur. Au nord-est on trouvait jusqu'à trois réseaux successifs atteignant plusieurs centaines de mètres de largeur. Nombreux abatis. Enfin les marais, toujours fréquents en Pologne, constituaient, notamment au sud et au nord-est, la meilleure des défenses accessoires.

Au nord-est, secteur d'attaque probable, la position avancée aurait dû former un tout avec Zegrjé et Dembé, qui n'est qu'à 12 km du fort le plus à l'est de Nowo-Georgiewsk. Dans ce secteur pour boucher l'intervalle restant, on aurait pu utiliser une vaste forêt qui ne servit qu'aux Allemands pour y entasser leurs batteries lourdes; il aurait donc fallu pousser les avancées à *la distance maximum d'appui*, soit à 7 km au moins des forts. En outre la position resta fragmentaire, sans lien entre ses divers éléments, sans appuis mutuels, ce qui facilita la concentration de l'artillerie ennemie et les attaques débordantes de son infanterie. Une fois prises, certaines tranchées servirent aux assiégeants de base de départ contre les forts dont elles étaient trop rapprochées. Une position avancée doit constituer un ensemble continu, nettement distinct de la position principale, mais relié à elle par des boyaux. Aucune de ces conditions essentielles n'avait été réalisée dans le secteur nord-est. Ailleurs, on avait beaucoup mieux travaillé et la conséquence c'est que les Allemands y furent arrêtés devant les premières

lignes durant un temps appréciable et ne firent de progrès sérieux dans la position avancée qu'au prix de violents combats, où la vieille opiniâtreté défensive des
Russes se retrouva. Ce n'est que grâce à la retraite méthodique et voulue des défenseurs que les assaillants
purent réaliser des gains appréciables.

Entre la première et la deuxième ligne de forts, rien que
quelques réseaux. Les chicanes qui permettaient de les
traverser n'ayant pas été reconnues avec assez de soin,
ils gênèrent la retraite des éléments de première ligne.

Lacune plus surprenante encore et qui fut pour beaucoup dans la chute rapide de la forteresse, la Wkra, qui
formait une bretelle toute tracée ne fut pas sérieusement
utilisée par les défenseurs. Si facilement traversable
qu'elle fût, c'était cependant un fossé plein d'eau derrière lequel on aurait pu tenter de se rétablir ou tout au
moins de retarder l'assaillant. Une ligne de tranchées
aboutissant au fort III y avait été bien établie quelques
mois avant. Mais on avait omis de l'entretenir et elle
était en août 1915 en fort mauvais état.

Les différents secteurs étaient desservis par de bonnes
routes. Au nord-est, il y avait même un chemin de fer à
voie étroite partant de la place pour passer près du
fort III et continuant vers le fort II.

En résumé, malgré de nombreuses lacunes auxquelles
on aurait eu tout le temps de remédier, Nowo-Georgiewsk
était une place moderne. Beaucoup moins vaste qu'Anvers (son pourtour ne dépassait guère 50 km de développement), elle était beaucoup mieux organisée que la
grande place belge à laquelle on l'a comparée. Dotée de
forts extrêmement solides, de flanquements excellents,
elle présentait, au moins au nord de la Vistule et dans la
partie sud-ouest du secteur sud, un dispositif en profon-
deur qui aurait dû interdire à l'assaillant toute avance
rapide. A bien des égards, la forteresse était comparable,
non pas à Anvers, mais à Verdun. Disons tout de suite

que Nowo-Georgiewsk, rebaptisée de son nom polonais *Modlin*, a pendant l'invasion bolchevique de 1920, efficacement servi de place d'armes et de point d'appui aux Polonais, bien que beaucoup de ses forts n'aient pas été remis en état.

B) *Armement. — Artillerie.* — Toute l'artillerie est ou dans les intervalles de la ligne principale, ou entre les 1re et 2e lignes de forts. Quelques batteries sont bétonnées, mais la plupart sont derrière des épaulements en terre, bien placées, bien masquées, mais insuffisamment échelonnées vu le manque de portée de la majorité des pièces. En 1910-1911 avaient été construits des magasins à munitions ayant 3 m de béton à la voûte.

A la manière dont l'observation est organisée, on voit que les leçons de onze mois de guerre ont déjà porté leurs fruits. Si les observatoires placés dans les arbres sont mal camouflés et par suite détruits assez vite, des observatoires latéraux ou avancés y suppléent. Nowo-Georgiewsk a des avions et des ballons captifs dont il est fait un usage large et efficace. Vu les circonstances, les transmissions sont organisées aussi bien que possible.

L'artillerie de la place est très nombreuse, mais en trop grande partie d'anciens modèles. Les Russes ont suivi l'erreur commune : ils ont garni des ouvrages modernes avec des pièces surannées, disparates, sans portée; véritable musée d'artillerie, alors que la permanence de l'installation devrait au contraire faciliter l'emploi de canons ultra-puissants, disposant de moyen d'adduction, d'observation, de ravitaillement, bien plus perfectionnés que l'artillerie de l'assiégeant, de plates-formes bétonnées, d'emplacements de rechange, etc...

A Nowo-Georgiewsk, tel n'est pas le cas, au total, sur 1.300 pièces environ, il y a :

— quelques centaines de canons de 106mm à 152mm;

— quelques douzaines de mortiers anciens (portée de 9 à 10 km);

— beaucoup de vieilles pièces de campagne (du calibre 87^{mm});

— enfin 4 brigades d'artillerie de campagne à tir rapide (soit 144 pièces de 76^{mm}).

Ici se pose la question : l'artillerie démodée est-elle inutilisable dans la défensive ? Instruits par les exemples de Sébastopol et de Port-Arthur où ils avaient fait flèche de tout bois, les Russes pensèrent sans doute pouvoir une fois de plus combattre à coups de canon comme on combat à coups de fusil, suivant un procédé qui avait influé beaucoup sur la longueur de leurs défenses. Mais ils n'avaient pas compté sur la vitesse avec laquelle fut menée l'attaque allemande. Puis ils se laissèrent aller à employer leurs pièces de vieux modèles dans la lutte d'artillerie où elles devaient avoir certainement le dessous, au lieu de les réserver à la lutte contre le personnel [1].

Toutefois les premiers mois de la campagne avaient appris aux Russes ce que les Belges n'eurent pas le temps d'apercevoir, la nécessité d'une artillerie très puissante dont ils avaient déjà pensé à se munir dans les années qui précédèrent immédiatement la guerre; celle-ci éclata trop tôt pour la Russie, comme pour la France, comme

---

[1] Vieux canons et vieux mortiers ont un grand rôle à jouer dans toute place opiniâtrement défendue, mais c'est un rôle d'*appoint*. Il faut les tenir en dehors de la lutte d'artillerie, conserver même les pièces les plus légères à l'abri pour ne les mettre en action qu'au moment des assauts, employer le matériel moyen comme pièces de flanquement lointain, en caponnières ou pour l'armement des bretelles, enfin, se servir des mortiers, même les plus désuets, pour bouleverser à courte distance les travaux d'approche des assaillants. Dans ces missions d'apparence accessoire, mais cependant d'importance capitale, les vieux matériels retrouvent toute leur utilité, à condition d'être pourvus de gargousses à poudre sans fumée et de projectiles réellement efficaces (en particulier, obus à balles et boîte à mitraille pour les canons, obus de grande capacité d'explosif puissant pour les mortiers).

pour la Belgique. En fait de réalisations, l'artillerie lourde allemande était nettement en avance.

De grosses commandes faites au Creusot pour le compte du gouvernement russe étaient en cours quand les hostilités s'ouvrirent. Nombre de pièces (notamment des obusiers de 280^{mm}) étaient restées en France où elles furent utilisées. Une faible partie seulement était parvenue en Russie.

Nowo-Georgiewsk disposait cependant de pièces modernes et très puissantes, mais en petite quantité :

— quelques batteries de 105 long, portant à 10 km, réparties une par secteur;

— 8 canon de 150 de 3 t 500 portant à 13 km;
enfin, des pièces de marine provenant de Vladivostok, savoir :

— 4 canons de 150 Canet portant à 15 km;

— 1 (et probablement plusieurs) canon de 250 portant à 17 km;

— enfin 2 canons de 305, mais qui ne furent pas mis en batterie et ne quittèrent même pas les trucks sur lesquels on les avait amenés de Sibérie !

Ces pièces étaient, d'après le général de Schwarz, nettement supérieures comme portée à l'artillerie ultralourde des Allemands. Le soir du 12 août, les canons de 150 Canet ouvrent le feu à 15 km sur la gare de débarquement de Jackowo avec tant de succès qu'elles obligent les Allemands à débarquer leurs obus géants plus au nord et à les transporter en camions.

En réunissant toutes leurs pièces modernes dans le secteur attaqué, il n'eût pas été impossible aux Russes de prendre nettement le dessus sur l'artillerie de l'assaillant.

La situation était donc toute différente de celle qu'on avait vue dans les places belges et à Maubeuge.

Munitions d'artillerie. — Ici, comme ailleurs pendant les premiers mois de la guerre, la consommation dépasse toutes les prévisions. L'armée russe en 1915 était particulièrement mal approvisionnée et il faut dire à la décharge du gouverneur que le 18 août, veille de la capitulation, l'artillerie de campagne à tir rapide dont la dotation initiale n'était que de 30.000 obus restait sans munitions. Quant aux autres pièces, leur situation devait être moins précaire, car beaucoup de projectiles tombèrent entre les mains des assiégeants après la capitulation ([1]); et cela bien que dans certains secteurs l'artillerie de la défense eût ralenti ou arrêté son tir faute d'obus. Voici l'explication de ce fait étrange : le gouverneur escomptait un siège de 45 à 60 jours. En conséquence, il avait réparti les munitions par secteur et par jour; lorsque la consommation journalière du secteur était atteinte, il refusait d'accorder un supplément.

Armement portatif. — Là, situation déplorable, non seulement il avait fallu désarmer les 20.000 artilleurs de la forteresse, mais sur le reste de l'effectif, la moitié était sans fusil et le quart seulement (soit environ 20.000 hommes) était armé de fusils à magasin. Le reste n'avait reçu que des vieux fusils Berdan de 11^{mm} dont les cartouches dataient de 1877. Il fallait la baguette pour en extraire les étuis. La dotation totale en cartouches était de 12 millions, soit 300 seulement par fusil. Très peu de mitrailleuses.

Or si l'on tient compte du caractère de *lutte d'infanterie* que revêt presque immédiatement toute défense pied à pied, on comprend à quel point cette pénurie dut influer sur la valeur combative et sur le moral de la garnison. 40.000 de ses défenseurs (?) ne formaient qu'un troupeau désarmé.

---

[1] Une partie des projectiles restants furent détruits ou enterrés par les défenseurs. Le matériel de guerre enterré fut recherché en 1919 par ordre du commandement français de l'armée Haller. On retrouva dans un fort une certaine quantité de bandes de mitrailleuses, mais le reste avait été déterré et vendu par des maraudeurs des environs.

Cette pénurie est d'autant plus regrettable que moyennant des munitions convenables, le fusil Berdan pouvait parfaitement être utilisé pour la défense rapprochée. Elle est d'autant plus extraordinaire que, d'après le général Rostovtseff (article cité), peu de temps avant la mobilisation, le général Soukhomlinof ministre de la Guerre avait ordonné de détruire 600.000 fusils Berdan *parce qu'il n'y avait pas de locaux pour les conserver* (! !) On avait fait disparaître en même temps un milliard de cartouches.

Outillage et approvisionnements. — La place est à cet égard bien pourvue : les vivres, la viande sur pied, l'essence y abondent. Les défenseurs ont à manger pour six mois, alors qu'il n'ont à tirer que pour six semaines au maximum.

C) *Personnel.* — *Garnison.*— On vit dès le début de la campagne quelle erreur avait été la suppression des troupes spéciales de forteresses. Celles qui naguère étaient affectées en propre à Nowo-Georgiewsk, et qui ne faisaient pas, notons-le, la totalité de sa garnison de guerre, devaient compter une fois mobilisées un effectif total de 29.000 hommes; la place voisine de Zegrjé-Dembé-Benjaminow, véritable annexe de Nowo- Georgiewsk, un effectif de 6.500 ainsi répartis :

	Nowo-Georgiewsk	Zegrjé
Régiments d'infanterie de forteresse à 5 bataillons.	4	1
Bataillons d'artillerie de forteresse à 4 compagnies.	6	1
Batteries de sortie.	4	»
Compagnies de sapeurs de forteresse.	2	»
Compagnie fluviale de mineurs de la Narew (¹).		1

Or Zegrjé tombée au rang de place du moment n'eut comme garnison que des troupes de passage; quant à No-

---

(¹) Chargée des mines, torpilles, destructions, etc.

wo-Georgiewsk, qu'eût été sa défense, si elle avait possédé
en propre, comme garnison de sûreté, ce véritable corps
d'armée connaissant les forts et les environs (¹) ! Vers
le début de 1915, la place avait bien reçu deux divisions
d'infanterie qui y avaient déjà séjourné, plus une division de réserve qui, ayant stationné à Grodno était fami-
liarisée avec les particularités de la guerre de forteresse.
La défense de Nowo-Georgiewsk était assurée ainsi dans
des conditions satisfaisantes. Mais, à la fin de juillet,
quelques jours avant le commencement du siège, ces
troupes furent reprises par le généralissime comme « très
aptes à la guerre de campagne » et remplacées au pied
levé par deux divisions de réserve (58ᵉ et 63ᵉ) et
deux divisions de milice (²) (114ᵉ et 119ᵉ). La 58ᵉ venait
du front sud où elle avait été fort étrillée. Réduite à
quelques centaines d'hommes, son infanterie fut re-
formée en hâte (pour la troisième fois depuis le commencement de la guerre) avant d'être expédiée sur
Nowo-Georgiewsk. Son artillerie en revanche était en
excellent état. Comme la 58ᵉ, la 63ᵉ avait été recom-
plétée au moyen de recrues à peine dressées.

Quant aux deux divisions de milice, on venait d'y
verser 16.000 conscrits sans instruction, sans armes et
même, en partie, sans uniformes.

Beaucoup de ces recrues étaient polonaises, servaient
à contre-cœur sous le drapeau du tsar et, à en croire les
témoignages russes, désertèrent en nombre dans les lignes
ennemies.

(¹) Concluons au danger de conserver des places ou des forts sans conserver de très bonnes troupes spécialisées chargées de les défendre. La
garnison d'une forteresse et son état-major ne doivent pas être impro-
visés.

(²) La milice russe ou *opoltchénié* comprenait d'une part, les hommes de
trente-neuf à quarante-trois ans ayant servi pendant dix-huit ans dans
l'armée active et sa réserve, sorte de landwehr exercée, mais lourde, âgée
et quelque peu rouillée, d'autre part, des hommes de toutes classes de
vingt et un à quarante-trois ans, non incorporés pour diverses raisons et
n'ayant pas fait de service actif. Cette deuxième catégorie, croyons-nous,
ne fut appelée qu'à partir de 1916.

La garnison comptait au total 64 bataillons, 1 escadron, **24 batteries de campagne.**

Commandement — A ces troupes au-dessous du médiocre, il aurait fallu d'excellents cadres; or les bataillons de milice en particulier n'ont guère que des officiers de complément; fort peu de cadres de carrière. Les unités ne reçoivent leur affectation définitive que le 11 août et c'est sous le bombardement que les nouveaux commandants des forts en font la reconnaissance!

Rappelons que l'état-major spécial de la forteresse n'existait plus : le chef d'état-major du gouverneur et ses adjoints, le commandant de l'artillerie, celui du génie, l'intendant, etc... sont des nouveaux venus. Ne connaissent réellement Nowo-Georgiewsk et ses abords que les commandants de l'artillerie des forts et le gouverneur, général de cavalerie Bohry, qui occupe ce poste depuis dix ans. Réputé en temps de paix pour l'excessive énergie de son commandement, ce général qui avait eu tout le temps de préparer et de parachever l'organisation de la place sera jugé fort sévèrement par ses subordonnés, qui iront jusqu'à l'accuser de n'avoir fait qu'un simulacre de défense.

2° Préliminaires du siège

Au moment où le siège va commencer, la première place de la Russie vient donc de recevoir une garnison improvisée et insuffisante. Les ouvrages permanents restent inachevés. Chose plus grave encore, à son sujet, le commandement supérieur russe reste incertain. Ce sera sa caractérisque durant toute la campagne. Il a longtemps hésité pour savoir si Nowo-Georgiewsk serait une base d'opérations ou bien une forteresse. Finalement le manque de munitions et de matériel oblige les armées russes à une retraite générale. Nowo-Georgiewsk, au lieu d'être une forteresse offensive, n'aura plus d'autre rôle que de couvrir cette retraite; ce ne sera plus qu'une vaste place d'arrêt barrant la voie ferrée de Dantzig à Varsovie par Mlawa. Sur le point d'être isolée et investie, nous allons voir sa garnison s'abstenir de tout effort pour agir en connexion avec les armées de campagne.

Cette voie ferrée de Dantzig, les Allemands en ont absolument besoin pour pousser, pour exploiter au maximum leur grande offensive de l'été 1915. La chute rapide de Nowo-Georgiewsk est donc pour eux d'un intérêt capital. Exemple typique de l'importance conservée dans un pays de communications rares par l'obstruction effective d'une grande voie de communication. Si, en France, où le réseau routier est très développé, les camions automobiles employés en grand ont pu suppléer le chemin de fer (l'exemple de la voie sacrée, Bar-le-Duc—Verdun est dans toutes les mémoires), en Pologne où la viabilité est très médiocre, le chemin de fer seul peut pourvoir à l'appétit formidable des armées modernes. On s'y bat donc *pour* et *sur* la voie ferrée ([1]).

« Comme on connaît ses saints, on les honore ». Or l'état-major allemand connaît le « nouveau Saint-Georges ([2]) », la débilité du commandement, la médiocrité des défenseurs. Il sait dans quel état moral et matériel est le « Verdun russe », état bien différent de celui dans lequel il devrait et pourrait être. Pour le faire tomber, point n'est besoin comme à Liége ou à Namur de troupes de première valeur qu'il faut réserver ici à la bataille en rase campagne et à la poursuite. Le corps de siège, sous les ordres du général von Beseler sera donc formé de pièces et de morceaux, unités hétéroclytes où dominent land-wehr et landsturm. Il correspond à un effectif total de

---

([1]) Se reporter à la *Revue militaire suisse*, janvier 1922 : « Les attaques en vitesse. » Dans un pays de montagnes où, pour de toutes autres raisons que dans l'Europe orientale, les routes et les chemins de fer restent rares, parce que tunnels et défilés sont rares, les positions de barrage, naturelles ou artificielles, gardent et garderont toujours leur importance.

([2]) C'est ce que « Nowo-Georgiewsk » signifie en russe.

4 à 5 petites divisions, inférieur à celui de la garnison qu'il va encercler. Mais les hommes un peu âgés qui les composent sont animés par les victoires de leurs camarades plus jeunes. Ils ont conservé le pli de la discipline prussienne. Ils méprisent leurs adversaires. La landwehr, qui s'était montrée si molle et si hésitante autour d'Anvers, attaquera ici avec résolution, reviendra à l'assaut après un premier échec et enlèvera le morceau. Des bataillons de landsturm eux-mêmes prendront part aux opérations offensives. Expérience hasardeuse que les Allemands n'ont guère osé renouveler en occident.

Cette ambiance de succès qui imprègne toutes les armées allemandes du front russe ne suffirait pas sans doute à doter ces troupes, à vrai dire, médiocres, des aptitudes nécessaires à la tâche malgré tout bien rude qui leur est imposée. Mais Hindenburg leur a donné pour les conduire des chefs qui ont fait leurs preuves devant les places belges et pour les soutenir une artillerie ultra-puissante plus nombreuse encore que dans les sièges précédents. Le corps de siège dispose de 15 canons de très gros calibre, 6 de 420 (dont 2 autrichiens), 9 de 305 (dont 8 autrichiens) dont l'effet moral est plus certain encore que l'effet matériel. En revanche, assez peu d'artillerie lourde moyenne; elle est composée pour la majeure partie de pièces anciennes à tir lent, à faible portée; on compte :

11 batteries d'obusiers lourds de 15 cm à 4 pièces,

2 batteries de mortiers de 21 cm à 4 pièces,

et seulement 3 détachements de lance-mines lourds.

L'artillerie légère est encore plus faiblement représentée :

2 batteries de canons longs de 10 cm,

1 batterie de 12 cm vieux modèle, 1 de 15 cm et un canon lourd de 15 cm.

Ce petit nombre de pièces à longue portée explique les dommages insignifiants subis par le noyau central. Le tout n'atteint que 25 batteries en dehors de l'artillerie constitutive des divisions.

Pour que le bombardement ait la densité nécessaire, il faut donc que le front d'attaque soit très étroit. Une fois la brèche faite dans la ligne principale, on attaquera comme à Namur en poussant le plus vite possible sur le noyau central. Mais, différence essentielle d'avec les sièges de Belgique, la place sera investie effectivement. L'état-major allemand qui connaît les Russes compte sur leur opiniâtreté ou sur leur passivité, pour réussir un vaste et fructueux coup de filet. Conquérir une forteresse vide ne lui suffit plus.

Pour isoler Nowo-Georgiewsk, il faut trouer au nord et au sud cette barrière Narew—Vistule qu'heureusement pour les envahisseurs les Russes ont démantelée de leurs propres mains. Or, la résistance rencontrée au nord sur la Narew est très énergique. Elle eût été même sans aucun doute victorieuse si les têtes de pont étaient restées fortifiées et pourvues de garnisons permanentes solides. De violentes contre-attaques retiennent les Allemands de von Gallwitz sur la rive droite jusqu'au 23 juillet, date à laquelle les Russes évacuent Pultusk. La menace sur son flanc gauche étant ainsi écartée, Beseler peut commencer au nord l'investissement de Nowo-Georgiewsk. Mais, impossible de le prolonger à l'est et au sud-est tant que la basse Narew tient. Cela ne va pas tout seul : le 26 le 1ᵉʳ corps du Turkestan, qui a conservé tout son moral, contre-attaque Gallwitz à Siérock le long des deux rives du Bug pour l'empêcher de se porter à l'est de Varsovie non encore évacuée. La contre-attaque réussit parfaitement (1.000 prisonniers, nombreuses mitrailleuses capturées); Gallwitz est arrêté pendant dix jours devant la Narew. Le 5 août, à 5 heures du matin, il fait commencer le bombardement de Zegrjé et de Dembé. Mais ces forts déclassés ont conservé une réelle valeur, 1º parce qu'ils sont bétonnés, 2º parce qu'ils sont vigoureusement défendus. Une première tentative d'assaut échoue le 5 dans l'après-midi, une deuxième ne réussit pas mieux dans l'après-midi du 6. Les défenseurs apprennent alors que Varsovie est tombée le 5, à peu près sans combat. Immense succès moral pour les Allemands et possibilité d'investir Nowo-Georgiewsk par le sud. Le passage sur la Vistule est ouvert, puisque le fameux pont de Praga n'a pas été détruit. Dès lors le 1er corps du Turkestan n'a plus intérêt à se maintenir sur la basse Narew, dont il évacue les forts dans la nuit du 6 au 7. Les Allemands n'occupent Dembé que le 8. Les arrière-gardes russes se retirent sur le fort de Benjaminow qu'elles font sauter le 10. Le gouverneur de Nowo-Georgiewsk n'est intervenu en rien, ni par une sortie, ni même par le feu de son artillerie lourde. Le 10 août au soir, l'investissement est chose faite. Les Allemands sont donc libres de choisir leur secteur d'attaque.

Lequel choisiront-ils ? A ne voir que la carte, le terrain au sud de la Vistule semble le plus favorable : une seule ligne de forts à 5 km en moyenne du noyau central constitué par le seul ouvrage de Kasoum. En avançant sur la rive sud, on coupe nécessairement la retraite aux défenseurs de la rive droite. Mais Beseler bien renseigné n'ignore pas le bel état des forts du sud et de la position avancée qui les précède. Puis ce qui domine tout avec l'artillerie actuelle, c'est la question du ravitaillement en obus. Or, la seule voie ferrée dont dispose le corps de siège est celle de Dantzig—Mlawa qui, nous l'avons dit, traverse le secteur nord-est entre Wkra et Narew. C'est tellement bien la zone d'attaque marquée par la logique que l'état-major russe y avait prévu des manœuvres pour l'automne 1914. Il y avait accumulé des défenses. A la position avancée succédait la chaîne de 7 forts de XIV à XVI, les trois du groupe XIV en triangle se soutenant mutuellement, flanquant les autres vers le sud, battant l'arrière-terrain, puis une grande forêt qui moyennant organisation préalable aurait pu être défendue pied à pied, puis la Wkra, puis les forts II et III, puis enfin la double enceinte du noyau central, après quoi on arrivait à la Vistule qui était la meilleure des lignes diamétrales. N'était-ce pas attaquer le taureau par les cornes ? Mais Beseler ne se laisse pas impressionner par la carte, il connaît sûrement l'état d'impréparation du secteur et de ses avancées. Là seulement pourront se faire le déploiement et le ravitaillement de ses très gros canons et de son artillerie lourde, qu'il place tout entière dans ce secteur. Comme en Belgique, il compte sur l'effet matériel des obus géants et sur leurs conséquences morales, plus graves encore. Ces conséquences, c'est la *démoralisation préalable* et c'est *l'abandon volontaire*. Enfin peut-être compte-t-il aussi sur certaines complicités de la place ?

Les ordres de Hindenburg sont nets : le 11, il télégraphie : « L'attaque de la position avancée ennemie sera entreprise demain. J'attache un grand prix à l'enlèvement rapide de la forteresse pour libérer le corps de siège en vue d'autres missions. » Gênés comme nous l'avons vu par le canon de la place, les préparatifs ne sont achevés que le 12 après midi. Les projectiles sont rares, aussi ne prévoit-on que trois heures de préparation d'artillerie avant l'attaque brusquée (¹).

N'importe, on attaquera quand même.

Le récit qui va suivre diffère assez notablement des relations officielles allemandes résumées en français dans l'article du général Normand et des renseignements de source russe utilisés par le général de Schwarz dans son livre déjà cité. Des reconnaissances exécutées sur le terrain de la lutte ou dans les forts, des enquêtes faites sur

---

(¹) Le maximum prévu et à peine atteint par batterie et par jour ne dépasse pas 1.000 projectiles pour le 77; 1.000 pour l'obusier de 105; 800 pour le 10 cm long; autant pour l'obusier de 15; 400 pour le mortier de 21. La dotation est encore beaucoup plus faible en obus géants.

place auprès des témoins polonais du siège, civils ou
militaires, enfin les affirmations de nombreux officiers
russes recueillies par un de leurs compagons de capti-
vité, nous ont entraîné à infirmer sur bien des points les
conclusions des défenseurs et sur des points plus nombreux encore, celles des assaillants.

Cela posé, revenons au matin du 13 août 1915.

3° ATTAQUE DE LA POSITION AVANCÉE (13 AOUT).
SA CHUTE AU NORD-EST.

Les jours précédents, les Allemands avaient poussé
jusqu'aux fils de fer de la position avancée sur laquelle
ils avaient un peu mordu à l'ouest. La préparation d'artillerie devait commencer le 13 à 4 heures et l'attaque
générale d'infanterie à 9 h 30 dans tous les secteurs.
Au sujet de la première, remarquons que seule la position avancée du secteur nord-est, le moins bien organisé, est battue par les canons de très gros calibres (¹),
nouvelle application du principe : lutte du fort au
faible. Les autres secteurs ne sont soumis qu'au feu de
l'artillerie de campagne; quant à l'infanterie, ses 50.000
hommes s'étirent sur une périphérie de 77 km. Il fallait
pour risquer un pareil dispositif être bien sûr de l'inertie
russe.

Un brouillard épais, empêchant toute observation
jusqu'à 8 h du matin, retarde jusqu'à 10 h l'ouverture
du tir d'efficacité. Malgré le petit nombre d'obus géants
disponibles, les Allemands n'hésitent point, toujours

(¹) En corrélation avec le dessein principal, le 305 autrichien enverra
cependant quelques obus sur le village de Borkowo, saillant gênant
à l'ouest de la Wkra, flanquant la défense du secteur voisin objectif
essentiel de l'attaque. Le village, évacué dans la nuit, sera occupé le 14 au
matin par un bataillon de landsturm, qui débordera ainsi au nord la ligne
de repli formée par la rivière.

par application du même principe, à les dépenser sur de simples tranchées de campagne de la position avancée. Sur ces ouvrages à peine blindés, l'effet matériel sera sensible. Il ne pourra pourtant être bien terrible, car la densité du tir reste faible. Sur le terrain, on voyait encore en 1919 un certain nombre d'entonnoirs de très gros calibres(jusqu'à 15 m de diamètre) mais répartis à peu près tous les 50 m. Rien de commun avec les « paysages lunaires » de Verdun. Quant à l'effet moral, sur des troupes non habituées à de pareilles explosions, il est énorme. Aussi, en bien des points, c'est la fuite des défenseurs affolés, soit vers l'arrière, soit même vers l'avant. L'artillerie russe riposte avec grande énergie au canon allemand et par moments le fait taire, mais n'empêche pas l'assaut général qui a lieu peu après midi sur le front du secteur nord-est. Dans la soirée, la presque totalité de la position est enlevée. L'assaillant a gagné en moyenne 3 km de terrain, il se trouve à 2 km de la ligne principale, déjà fortement prise sous le feu.

Progrès de l'attaque insignifiants dans le secteur nord-ouest et dans le « bec »; résultats nuls au sud de la Vistule.

Les résultats de cette première journée n'ont rien de surprenant. Au nord-est la position avancée était aussi faiblement occupée que fortifiée (¹). Les Russes y combattirent en état de grande infériorité numérique. Sauf en quelques endroits où l'assaillant dut accumuler ses renforts pour venir à bout d'une résistance opiniâtre, la défense ne fut faite que pour la forme. Elle ne retarde que bien peu l'avance allemande. L'artillerie russe renseignée par de bons observatoires aériens et terrestres s'était montrée de valeur au moins égale à celle de l'ad-

---

(¹) Erreur renouvelée de la défense de la presqu'île de Kin-Tchéou, position avancée de Port Arthur.

versaire. Il est regrettable que ses pièces à grande portée dont quelques-unes avaient la veille prouvé leur efficacité, n'aient pas été mises toutes en batterie dès le 13, aussi en avant que possible pour contrebattre les très gros canons de l'ennemi.

En effet, il ne devait plus y avoir de doute sur la zone de l'attaque. Le feu des très gros canons au nord-est était un indice révélateur. Le secteur nord-est devait être renforcé de toutes manières et sans perdre un instant, non seulement par des canons, mais par des réserves prêtes à contre-attaquer et aussi par des travaux. Il fallait, dès l'après-midi du 13, occuper la rive ouest de la Wkra et la forêt qui s'étend entre cette rivière et les forts de la ligne principale. Les Allemands ne sont arrivés sur la Wkra que le 18. En quatre jours et cinq nuits, on aurait eu le temps d'y établir une position inexpugnable.

4º Percée de la ligne principale au nord-est. Son évacuation par les russes (14 au 17 aout).

L'assaut des forts de la ligne principale était prévu pour la journée du 14. L'artillerie lourde avait profité de la nuit pour se rapprocher, ainsi que l'infanterie. Le bombardement des groupes XIV, XV, XVI et de leurs intervalles commença avec le petit jour. Mais il ne put être question de passer à l'attaque. En effet l'artillerie russe empêcha les éléments d'assaut de sortir de leurs tranchées et leur infligea de lourdes pertes. En somme, les Allemands sont tenus en échec. Un commandement plus énergique aurait, semble-t-il, prescrit une sortie générale au lieu de se confiner dans la défensive passive...

La nuit suivante, sous la protection d'un tir massif, recommencé à minuit, l'infanterie allemande se rappro-

che peu à peu de ses objectifs. La défense n'a pas assez
de projecteurs pour gêner sérieusement cette protection; mais dès que le jour reparaît, les flanquements
lointains des forts font beaucoup souffrir les Allemands,
qu'abritent mal leurs parallèles de départ creusées au
milieu d'un sol marécageux où on ne peut s'enterrer.
La position est si pénible qu'on décide de brusquer l'assaut contre le fort XV/A. Les fils de fer ne sont pas suf-
fisamment détruits. Les feux du groupe XIV prennent
l'attaque de flanc. Elle échoue. La garnison n'a perdu
que 12 tués et 30 blessés, dont le commandant du fort.

Prise du fort XV/B. — Malheureusement, le système
de flanquements si bien étudié par les Russes présentait
à cet endroit un défaut dont les Allemands surent profiter. Le fort XV/A était bordé par le chemin de fer de
Dantzig qui passait en remblai sur le flanc d'un ravin
boisé aboutissant à l'intervalle entre XV/A et XV/B
situé au sud. Ce ravin était en angle mort, le remblai
empêchant la traditore de droite de XV/A de voir le
fond et le fort XV/B n'ayant qu'une casemate de flanquement à droite. Pour boucher le trou, les Russes y
avaient bien établi deux ouvrages de campagne, mais
ils furent enlevés et leurs défenseurs pris dans le cou-
rant de la matinée. Les Saxons purent ainsi s'infiltrer
dans l'intervalle. Un premier assaut contre XV/B
échoua; après une reprise du bombardement par les
très gros calibres, le fort fut attaqué à nouveau par le
front et par la gorge. Les défenseurs réfugiés dans les
casemates de gorge ne purent être dégagés ni par leurs
propres efforts, ni par les contre-attaques voisines qui,
après un premier succès, reperdaient définitivement le
fort le 17 à 9 h du matin (¹).

____

(¹) Telle est la version russe officieuse, assez différente de la version
officielle allemande et plus différente encore de la version recueillie sur
place. D'après cette dernière, le fort était commandé par un officier
polonais de grande vigueur qui aurait tenu avec succès quoique entouré

Prise du fort XV/A. — La gorge du fort XV/A était inachevée. Seuls des tranchées improvisées et un fossé la couvraient. L'ennemi s'étant infiltré dans l'intervalle, le fort est attaqué à nouveau au front et à la gorge par un régiment de landwehr. A la nuit tombante, malgré les feux flanquants venant du nord, les assaillants pénètrent dans le fort, où une partie de la garnison capitule. Les artilleurs réfugiés dans un petit ouvrage voisin qui est plutôt un abri de combat ouvert à la gorge y soutiennent à l'entrée des casemates une lutte acharnée. Sous les grenades allemandes, ils durent se rendre le 17 au matin. Quelques défenseurs échappés du fort se retranchent dans les trous d'obus en arrière et continuent une lutte très confuse.

La brèche, une brèche de 2 km environ, était donc faite dans la ligne principale, deux forts étaient tombés, deux sur vingt-cinq. La situation n'était pas encore désespérée, d'autant plus que la forêt toute proche couvrait la marche des contre-attaques.

Ces contre-attaques furent prescrites, mais, décousues et trop tardives, elles échouèrent toutes. La première (deux bataillons de milice) lancée par le commandant du secteur arriva jusqu'à la gorge du fort XV/A mais n'eut pas l'énergie de passer à l'assaut. Son chef se brûla la cervelle de désespoir.

La deuxième (trois bataillons de la 58e division pris dans la réserve générale) envoyée par le gouverneur se perdit dans la forêt de la Wkra, qui n'était pas plus jalonnée que fortifiée, et n'arriva que le 17 au soir (!) au contact du commandant de secteur. Son chef renonça à attaquer.

Un autre détachement chargé en l'absence du deuxième de contre-attaquer le 17 à 9 h du matin ne

---

de toutes parts, jusqu'au jour où les Allemands entrèrent dans le noyau central, soit jusqu'au 19. Ce jour-là il aurait reçu une balle dans la tête, ce qui aurait amené la capitulation immédiate de la garnison.

put déboucher sous le feu des mitrailleuses allemandes déjà postées à la gorge.

Une seule contre-attaque menée avec l'ensemble de ces trois détachements, soutenue par un feu violent d'artillerie, enfin orientée avec précision, aurait très probablement rendu le fort aux Russes, d'autant plus que les tranchées voisines et la lisière de la forêt restaient entre leurs mains.

Dans la journées du 16, grave et sanglant échec des Allemands devant les deux forts du groupe XVI (¹), échec qui, à en croire leurs propres narrateurs, diminue beaucoup l'enthousiasme.

Au cours de la journée du 17, les Allemands essaient sans succès de pénétrer dans la forêt et d'élargir la brèche. Les forts XIV et XVI souffrent beaucoup du bombardement, qui sur XIV est concentrique. Mais ils en souffrent surtout moralement. Nous verrons plus loin ce qu'il faut penser des dégâts matériels allégués par le commandant du fort XVI/A. Malgré tout, ces forts tiennent et, tant qu'ils tiendront, tant que leur traditores tireront, la brèche restera aveuglée.

Au cours des journées précédentes, aucun succès de l'assaillant au sud de la Vistule, où la position avancée ne fut évacuée que dans la nuit du 17 au 18, par ordre supérieur, pour libérer des troupes destinées à la rive nord. Dans le « bec », entre Vistule et Narew, les Russes, avouent les Allemands, défendent chaque pied du terrain avec un brio extraordinaire. Dans ces deux secteurs, le 18 au matin, aucun fort n'était près de tomber. La ligne principale y restait intacte.

Dans le secteur nord-ouest, la position avancée, d'abord défendue pied à pied, fut abandonnée prématurément, semble-t-il au matin du 17. Le même jour,

---

(¹) On remarque sur le glacis qui précède le flanc droit du fort XVI/A un cimetière qui contient d'assez nombreuses tombes allemandes et russes.

attaques allemandes contre les forts XI et XIII. Elles
sont brisées avec fortes pertes.

La situation était pleinement maintenue dans trois
secteurs sur quatre. L'attaque brusquée, renouvelée
de Namur, avait échoué sauf sur un point.

Cette journée du 17 août est donc une journée d'équi-
libre instable, comme on en voit si souvent à la guerre.
C'est le moral qui va alourdir un des plateaux de la
balance. Tandis que l'état-major allemand reste impas-
sible devant les pertes subies, la démoralisation des
troupes russes agit sur le commandement de la forteresse. Dans la nuit du 17, le gouverneur réunit un conseil
de guerre. Comme toujours, c'est mauvais signe, ce
sont les premières notes du glas. Le conseil déclare que
le fort XVI/A sera certainement pris dans la nuit et
conclut en faveur de l'évacuation de tous les ouvrages
de la ligne principale dans le secteur nord-est. La défense
doit être reportée sur la Wkra.

Ainsi le commandement russe lui-même agrandit
volontairement la brèche et ouvre la porte toute grande
aux Allemands. Il ne voit qu'un procédé pour faire durer
la lutte : c'est la retraite. Faute d'explosifs on ne fait
pas sauter tous les ouvrages abandonnés. Certains d'entre
eux sont abandonnés intacts (¹).

Ce n'était naturellement pas dans les mauvaises tranchées de la Wkra que les troupes en retraite pouvaient
se rétablir. Il aurait fallu pour cela qu'elles trouvassent
des garnisons fraîches installées dans la position qui les
auraient recueillies et réconfortées. Rien de tout cela
n'avait été préparé.

(¹) Voici le témoignage inédit du capitaine R... commandant une compagnie dans un ouvrage d'infanterie du secteur attaqué : Il avait été bombardé au 420. L'ébranlement était formidable, mais aucun coup n'avait
touché son béton qui avait été presque complètement enfoui sous la terre
provenant des entonnoirs voisins : Il a reçu l'ordre de repli *sans avoir eu
de pertes*. Il n'en a eu qu'en cherchant à traverser les réseaux de la deuxième
ligne dont il ignorait les passages.

5° Effondrement de la défense et capitulation
(18-20 août)

Le 18 à 2 h du matin, un déserteur annonce aux Allemands l'évacuation, dont ils n'étaient pas sûrs. Sans perdre de temps, ils occupent les ouvrages, portent leurs obusiers en avant, traversent la forêt et arrivent à la Wkra. Ils comprennent fort bien, comme le dit le général de Schwarz « la nécessité de profiter de la dépression morale des défenseurs sans leur laisser le temps de se reprendre ». Les événements se précipitent. Une brigade de landwehr, qui trouve les ponts de la rivière détruits ou inutilisables, passe à gué dans l'après-midi; les batteries de campagne suivent et commencent à tirer le jour même sur les forts de la deuxième ligne.

Le groupe des forts de la ligne principale (XIII/A-B-C) complètement dépassé est bombardé avec violence. Cependant, toute la matinée les assauts ont été repoussés. Là, l'état moral des défenseurs reste tel que leur commandant se déclare sûr du succès de la résistance, bien que menacé à la gorge. Mais, sur l'ordre du gouverneur, le groupe est évacué dans la nuit du 18 au 19, les organes essentiels des ouvrages sont détruits par explosion.

Pendant ce temps, que se passe-t-il dans le noyau central?

Les armes traditionnelles du désespoir moscovite sont la retraite systématique et la destruction intégrale. La première a rendu grand service aux Russes dans la guerre de campagne où ils disposaient d'un espace illimité. Nous venons d'en constater les funestes effets dans la défense d'une place. Mais nous allons bientôt voir le général Bohry y renoncer au moment même où, grâce à la situation hydrographique du camp retranché de

Nowo-Georgiewsk, à cheval sur la Vistule et la Narew, elle donnerait le moyen de prolonger sa résistance. Quant à la destruction, le gouverneur la commence assez tôt pour démoraliser la garnison, trop tard pour anéantir les immenses ressources dont il dispose.

Dès les premières heures de la matinée du 18, d'épaisses colonnes de fumée s'élèvent du noyau central. Les Allemands les attribuent bien entendu au tir de leur artillerie longue. En réalité, ce sont les dépôts de fourrages et de farines qui sont incendiés sur l'ordre du gouverneur. Les citernes de benzine et d'essence sont ouvertes, comme aussi les chambres frigorifiques. Le feu est mis aux garages d'automobiles. Les chevaux sont abattus en masse. C'est partout le saccage et sa suite naturelle le pillage, le grand « lâchez tout » de la fin. Rien ne peut miner plus vite le moral des défenseurs qui devinent dans ces destructions frénétiques la chute imminente de la forteresse.

D'autres signes plus graves encore la font prévoir. Le 19 dès 8 h du matin, les Allemands se portent à l'attaque des forts II et III. L'ouverture des feux de l'artillerie lourde est retardée par le brouillard. Il ne ne se lève que vers 11 h; trois heures après le fort III est entre les mains de l'assaillant. D'après les sources officieuses russes, le fort complètement entouré, quasiment détruit par les gros obus, aurait soutenu une défense héroïque. Ces affirmations sont controuvées par les témoignages locaux ([1]) et par l'aspect de l'ouvrage à peu près intact en 1919.

Vers 10 h, le gouverneur a bien envoyé une colonne de trois bataillons pour le dégager. Prise sous le feu de l'artillerie légère allemande, elle rencontre nombre de fuyards, comme toujours, porteurs de mauvaises nou-

---

([1]) Le gardien du fort, présent aux événements de 1915, nous a raconté que la garnison, forte d'un bataillon, se serait rendue à une simple patrouille.

velles. Sans les faire vérifier, le commandant de la contre-attaque fait demi-tour avec sa troupe.

Le fort II complètement encerclé semble avoir résisté plus longtemps. D'après les sources russes, on aurait lutté pendant une heure sur ses terre-pleins. Mais un obus tomba sur un dépôt d'essence qui détermina une explosion et la chute de l'ouvrage à 16 h.

La route de la citadelle est donc ouverte au nord-est; elle est ouverte également au nord-ouest car, *sur l'ordre du gouverneur*, donné dans l'après-midi du 19, les *huit ouvrages permanents* des groupes X, XI, et XII sont abandonnés. Certains d'entre eux sont intacts. Toute la défense extérieure dans ce secteur tombe comme un château de cartes.

Les dernières heures où le commandant de la forteresse aurait pu exercer son action personnelle de chef étaient celles de la matinée; elles ont été employées à palabrer, à réunir un conseil de guerre qui a décidé que la garnison du secteur sud tenterait une sortie pour rejoindre l'armée russe. Solution de kriegspiel, qui reste sans exécution. Rien n'a été prévu pour une défense pied à pied du noyau central, qui aurait au moins sauvé l'honneur des armes. Mais le gouverneur ne s'en occupe que lorsque les Allemands, vers 17 h, bordent le fossé. Il envoie à ce moment trois bataillons de milice garnir le parapet. Le reflux des défenseurs du dehors complètement démoralisés a vite fait de les entraîner dans la panique générale.

La seule décision vraiment efficace aurait dû être prise dès la chute de la Wkra, c'est-à-dire le 18 au soir; c'était la suivante : ordonner aux garnisons des groupes et forts du nord qui tenaient encore de résister chacune pour son compte sur place le plus longtemps possible. Laisser l'effectif strictement indispensable à la défense du noyau central. Passer avec le reste des combattants sur la rive gauche de la Vistule *dont aucun ouvrage n'é-*

tait tombé et continuer la résistance sur la rive sud et dans le « bec » entre Vistule et Narew, après avoir fait sauter les ponts. C'eût été mettre l'ennemi aux prises avec de graves difficultés pour employer son artillerie lourde. Il fallait la déplacer loin de la gare de ravitaillement, attendre de nouveaux obus géants (il est vraisemblable que l'approvisionnement initial touchait à sa fin). C'était gagner du temps, probablement quelques jours. C'était épuiser les moyens de résistance.

Les ponts sautèrent, mais le gouverneur resta sur la rive droite. Sur le grand pont de la Vistule avait été poussé tout le bétail de la forteresse qui sauta avec lui. Le feu fut mis aux casernes où les obus allemands avaient déjà allumé quelques incendies, il fut mis aux archives (¹), aux bateaux de la Vistule. Le trésor (3.500.000 roubles) fut également détruit. A 16 h, un ballon s'était échappé de la place emportant les drapeaux de la garnison. Poursuivi par des avions allemands, il dut atterrir dans les lignes de l'armée de von Gallwitz.

La défense du noyau central fut sporadique. Quelques isolés maintinrent deux ou trois heures les Allemands aux entrées. A 20 h, les assaillants pénétraient dans la citadelle et se saisissaient du gouverneur. Passons sur ces derniers instants. Avec les menaces habituelles Bescler l'obligea le lendemain à la capitulation intégrale qui fut conclue pour toute la place le 20 à 16 h. Les défenseurs de la rive gauche n'avaient pas attendu cette formalité pour se rendre.

Comme la retraite, la destruction n'avait pas été poussée jusqu'au bout. La capitulation fit tomber en effet entre les mains des Allemands :

— 1.200 canons qui furent largement employés contre les Alliés,

---

(¹) Bien incomplètement car une partie fut retrouvée sur place par 'armée Haller en 1919.

— 200 tonnes de cuivre,

— des vivres pour 30 millions de marks-or, etc., etc.

Le commandement russe s'était montré incapable, même de détruire.

Furent faits prisonniers : 30 généraux et plus de 85.000 officiers et soldats. Aucun effort pour forcer le blocus comme à Longwy (¹) ou à Maubeuge. La moitié des prisonniers étaient sans armes. S'ils avaient pu être employés avant le siège comme travailleurs, ils ne servirent plus à rien une fois les opérations préliminaires du siège commencées. Il était donc inutile d'en garder la totalité dans la place. Dans Nowo-Georgiewsk, ville uniquement militaire, on trouva ainsi moyen de maintenir des bouches inutiles.

(¹) Lors de la capitulation de cette petite place, les officiers d'une compagnie du 164ᵉ de ligne qui occupait une position extérieure, décidèrent de ne pas se rendre et de gagner Verdun par une marche de nuit à travers bois. 115 hommes de troupe se joignirent volontairement à leurs officiers. Ils se fractionnèrent en plusieurs groupes pour arriver plus facilement au fort de Douaumont. Aucun n'y parvint. Le plus important de ces groupes ne fut pris qu'après un combat acharné contre un ennemi de force quintuple ; dans ce combat le tiers des Français tomba les armes à la main, un autre tiers fut blessé.

Croquis fait d'après l'ouvrage "NOWO-GEORGIEWSK" par le Cap.ⁿ Bettag

14ᵉ Division de Landwehr

NASIELSK

Corps — Dickhuth — Griepenkerl — Plantier — Groupe Westernhagen

Stamford

Cᵗ Landsturm

21ᵉ Brigade de Landwehr

Brig. de Pfeil

169ᵉ Brigade de Landwehr

Wkra Riv.

Ciaksyn — Borkowo — Morgi — Ferme Czaiki — C.15 — C.12 — Blendowo — Zaborce — Mienkoszyn — Studzianki — Cegielna Psucka — St Nasiels — Psucin

M 30.5 — M 30.8 — M 21 — M 15 — M 10.5

Wymyslin — Mitho·Iames — Zaluski (A.K.) — Male Falbogi — Falbogi Wielkie — Kamienica Duza — Kroczewo — Simoszewo — Gajewniewice — G. Nowe — Leonem — Teofilow St.

NOWO-GEORGIEWSK (Modlin)

Fort I — Fort II — Fort III — St. Ostrolenka — Fort Ostrolenka — NOWY DWOR

Szczypiorno — Kossewko — Kossewo — Krubin

Wolka Stara — Fort XIII a — Fort XIII b — Fort XIII c — Fort XIV a — Fort XIV b — Fort XIV c — Fort XIV d — Fort XV a — Fort XV b — Fort XVI a — Fort XVI b — Fort XVII a — Fort XVII b — Fort XVIII a — Fort XVIII b

Fort XI a — Fort XI b — Fort XI c — Fort XI d — Fort XII — Fort X a — Fort X b — Fort X c

Fort IV — Fort V — Fort VI — Fort VII — Fort VIII — Fort IX b — Fort IX c — Fort IX d

Narew Riv. — Dembé — Fort Dembé — Mikolska Kempa — Vistule — Nikolajowko — Losia Wolka — Palicki — Lomna — Skierdy

LÉGENDE

Ligne allemande le 10 Août, au soir
— d° — le 13 — d° —
— d° — le 16 — d° —
— d° — le 19 Août, midi.
Positions des batteries du 15 août soir au 18 août matin

Echelle : 1/100.000ᵉ
0 1 2 3 4 5 Km

CONCLUSIONS

Il est superflu de revenir sur les défaillances morales et les erreurs tactiques qui furent les causes essentielles de la chute rapide de la forteresse. Est-il cependant possible d'incriminer la fortification?

La place est inachevée, mais une place est en quelque sorte toujours inachevée si on veut la tenir à hauteur des perfectionnements. On n'a jamais fini de la perfectionner. A Nowo-Georgiewsk, les lacunes des forts du nord-est (tourelles de canons à tir rapide non placées, absence de tourelles-mitrailleuses, organisation incomplète ou défectueuse des fronts de gorge et d'un des intervalles) expliquent dans une certaine mesure la chute des forts XV/A et XV/B les seuls, répétons-le, qui avec le fort II aient été pris de haute lutte. Les forts de Port-Arthur ne valaient pas mieux et ils ont tenu plus longtemps contre des adversaires infiniment plus redoutables dans le corps à corps que les landwehriens allemands. La mort des deux commandants des forts a été, soyons en persuadés, pour beaucoup dans la brièveté de la résistance.

L'avortement des contre-attaques envoyées à leur secours est attribuable aux chefs lointains ou immédiats de ces contre-attaques ou bien, dans un seul cas, à la troupe qui ne suit pas son chef. Là, encore une fois, c'est le moral et c'est la valeur professionnelle qu'il faut mettre en cause. Rien de plus inégal, dès 1915, que le commandement dans l'armée russe, conséquence des pertes énormes subies dès le début par les officiers subalternes et les sous-officiers de carrière, généralement très braves et très vigoureux, et des mesures insuffisantes prévues pour les remplacer. Avec un chef énergique, les miliciens de *l'opoltchénié* eux-mêmes vont

presque toujours de l'avant. En 1915 encore, ils accep-
tent son ascendant d'autant plus facilement qu'ils sont
plus primitifs et moins capables de se conduire seuls (¹).

D'où nécessité : 1º d'assurer avec beaucoup de soin
et en calculant très large le renouvellement des cadres
de l'infanterie; 2º de choisir minutieusement les officiers appelés à commander des ouvrages, qui ne devront
s'inspirer, dans des postes aussi lourds à tenir, que de
leur propre responsabilité, sans attendre des conseils
ou des directions; 3º de prévoir pour chaque fort un
personnel technique connaissant parfaitement l'intérieur,
l'armement, les abords, les flanquements, les côtés faibles.

C'est leur négligence sur ces trois points essentiels
qui a fait perdre aux Russes la bataille de Nowo-Georgiewsk comme tant d'autres batailles en rase campagne.
Mais où est l'action des très gros canons dans tout cela?
Effet moral considérable, dû, là comme ailleurs, au
fracas des « arrivées », à la projection des geysers de
terre et de fumés. Effet matériel beaucoup moins efficace
qu'en Belgique, à Maubeuge et plus tard à Verdun,
et pour tout dire, à peu près nul. Un examen personnel
fait sur place, confirmé par d'autres officiers, nous auto-
rise à ces conclusions. Mais pour qu'on ne les croie pas
dues aux besoins de la cause, écoutons un spécialiste
allemand; le général Schwarte (²) constatant qu'au fort
XV/A aucun abri n'avait été percé par les obus géants :
« Il se renouvela là, écrit-il, ce dont on s'était déjà aperçu
sur le front ouest, que la force de résistance des ouvrages
de l'ingénieur, même relativement anciens, n'est pas

(¹) A partir de 1916 la situation n'est plus la même. Corrompu par la
propagande antipatriotique, dégoûté par les pertes, de moins en moins
conscient des buts de la guerre, le « moujik » n'en veut plus. A partir de
1917 il est largement pourvu de matériel, mais aucun chef ne peut plus
lui demander ce qu'il donnait de si grand cœur quand il marchait contre
les mitrailleuses allemandes avec des vieux « Berdan » ou même des bâtons
pour armement.

(²) Heerestechnik. Avril-mai 1923.

inférieure à la force de destruction des canons modernes les plus monstrueux; ce sera là une déception pour les inventeurs des super canons, insuffisamment renseignés sur la valeur des constructions étrangères. » Comparons cet aveu aux affirmations de Ludendorf (*Revue militaire suisse*, octobre 1923, p. 445).

Cette insuffisance des très gros canons s'explique fort bien :

1° par le petit nombre des obus géants disponibles, 200 en tout, dit le général Normand, pour le 420 et le 305 (à Verdun, le fort de Moulainville qui n'est jamais tombé entre les mains des Allemands a reçu à lui seul 330 obus de 420, sans parler du reste);

2° par la durée très brève du bombardement gêné par le brouillard;

3° par le très petit nombre de coups au but, ce qui a déjà été remarqué à Namur et à Anvers.

Au fort XV/B, un seul entonnoir qui crève un abri bétonné à l'extrémité droite du front de gorge, sans faire aucun mal à la casemate de Bourges qui est contiguë.

Dans un autre fort de la rive droite, le plafond de la casemate de Bourges est fendu, sans qu'elle en soit rendue inutilisable.

Au fort XVI/A de rares entonnoirs.

Dans le noyau central les parapets et les organes de flanquement en briques sont en bon état, aucun dégât sérieux sauf les incendies dans les casernes.

Rien d'important au fort I ni au fort III.

Sur la rive sud, pas trace d'entonnoirs.

Cependant il a été publié sur Nowo-Georgiewsk des photographies représentant des destructions impressionnantes. Ces photographies sont authentiques et corroborent ce que nous avons vu personnellement. Mais les destructions représentées ont été faites *par les Russes* lorsqu'ils ont évacué les ouvrages. Ce qui le prouve, c'est l'aspect même des dégâts. Au lieu d'en-

tonnoirs, des « coups de hache » fendant du haut en bas
le béton qui est parfois soulevé par quartiers. Dans un
des forts du groupe XVII, entre la Narew et la Vistule,
une tourelle de béton a été complètement sortie de son
alvéole, le cylindre est retombé sans se briser à côté
du massif où il était encastré.

Souvent les destructions portent sur les traditores,
organe essentiel de la défense, le seul qui contenait des
canons, et tout le reste est intact.

Enfin, un grand nombre de forts (citons notamment le
fort X/A le long de la Vistule, le fort XVI/B le long de
la Narew) étaient en excellent état en 1919. Il était
d'autre part visible qu'aucun travail de réfection n'y
avait été effectué.

Sur 33 forts (8 anciens remaniés et 25 nouveaux),
3 sont tombés parce qu'ils ont été pris d'assaut; un
parce qu'il s'est rendu, les 29 autres parce qu'ils ont été
abandonnés.

Cette simple constatation numérique nous servira
de conclusion technique, tout commentaire serait superflu.

En se plaçant au point de vue stratégique, recon-
naissons que la défense de Nowo-Georgiewsk a eu pour
effet d'interdire pendant une dizaine de jours aux Allemands l'usage du chemin de fer de Dantzig-Varsovie
et d'empêcher durant un mois 50,000 hommes de prendre
part à la poursuite des armées de campagne russes. Pour
une place dont les fortifications valaient matériellement
celles de Verdun, c'est peu ([1])...

([1]) Il est bien difficile d'évaluer les pertes infligées par les assiégés aux
Allemands. Outre le cimetière déjà mentionné, nous n'en avons trouvé
qu'un seul sur la rive droite, aux abords même du noyau central. Il
compte quelques centaines de tombes allemandes.

TABLE DES MATIÈRES

IMPRIMERIE BERGER-LEVRAULT, NANCY-PARIS-STRASBOURG - 1928